PÁGINAS 30 E 31 DO LIVRO

CARTAS COM FIGURAS DO JOGO **MEMÓRIA D**

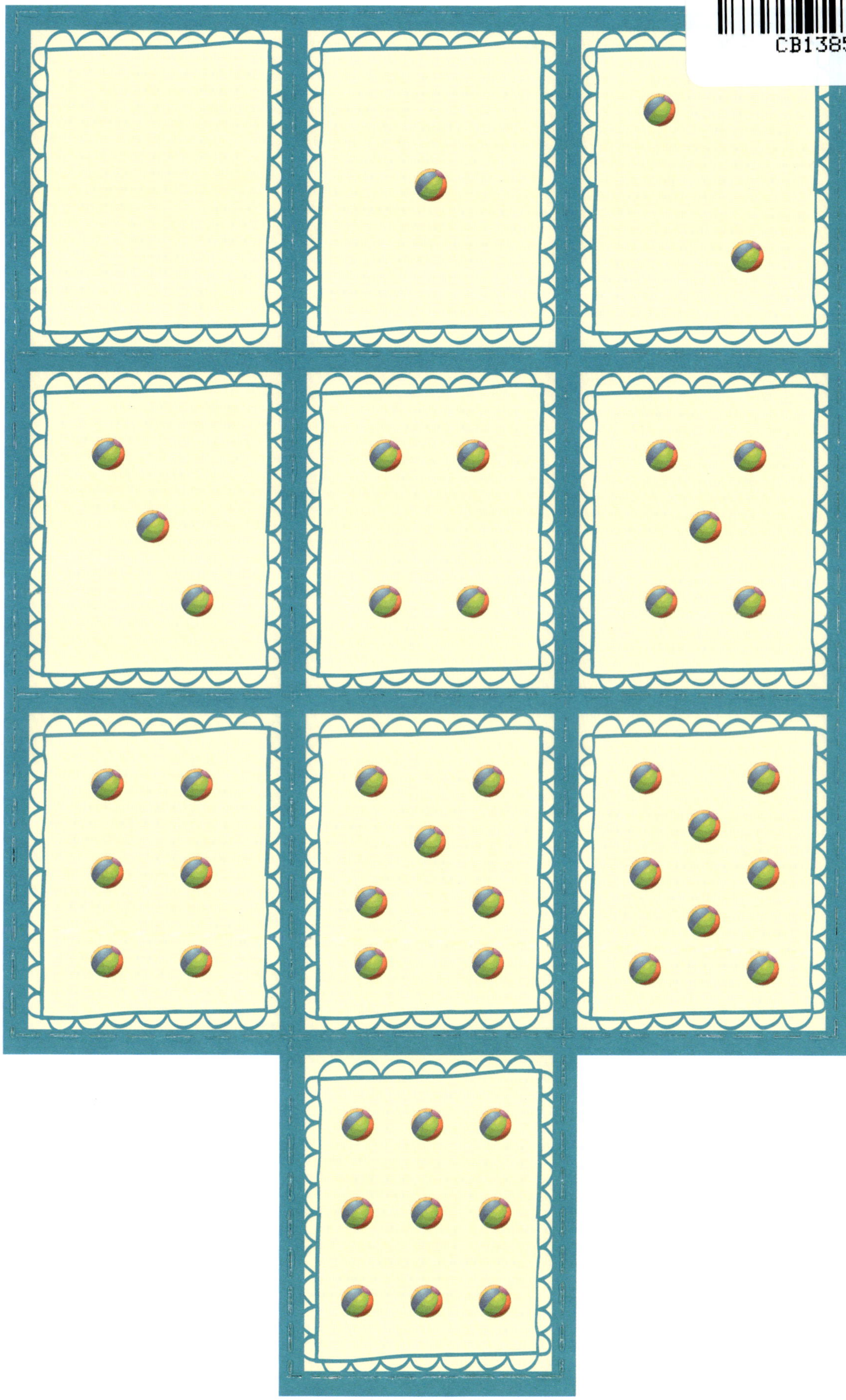

MATTHEW COLE

MEMÓRIA DO 10

MEMÓRIA DO 10

MEMÓRIA DO 10

MEMÓRIA DO 10

MEMÓRIA DO 10

MEMÓRIA DO 10

MEMÓRIA DO 10

MEMÓRIA DO 10

MEMÓRIA DO 10

MEMÓRIA DO 10

CARTAS COM FIGURAS DO JOGO **MEMÓRIA DO 10**

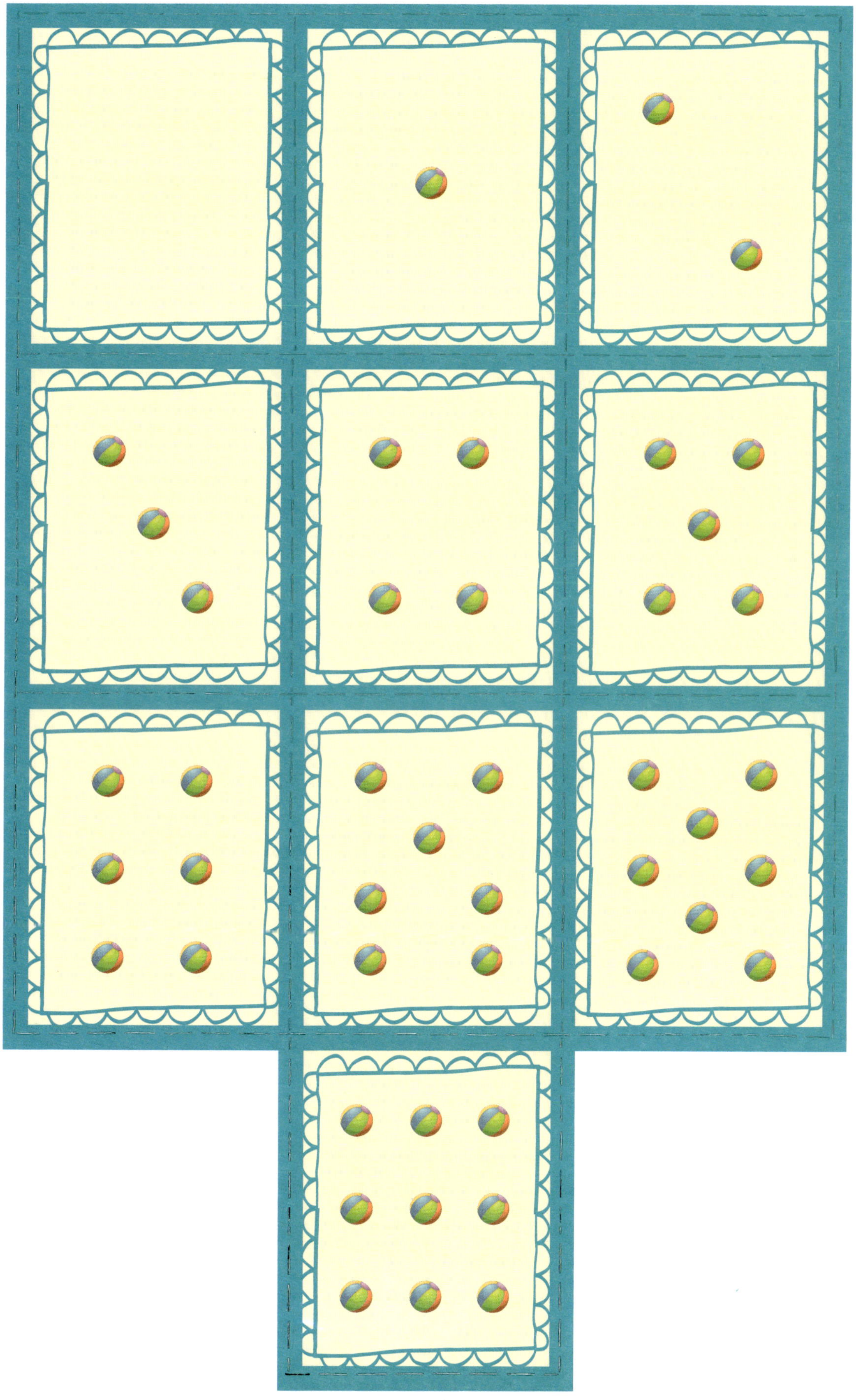

MATTHEW COLE/SHUTTERSTOCK

MEMÓRIA DO 10

MEMÓRIA DO 10

MEMÓRIA DO 10

MEMÓRIA DO 10

MEMÓRIA DO 10

MEMÓRIA DO 10

MEMÓRIA DO 10

MEMÓRIA DO 10

MEMÓRIA DO 10

MEMÓRIA DO 10

PEÇAS DO **DOMINÓ DAS FRUTAS**

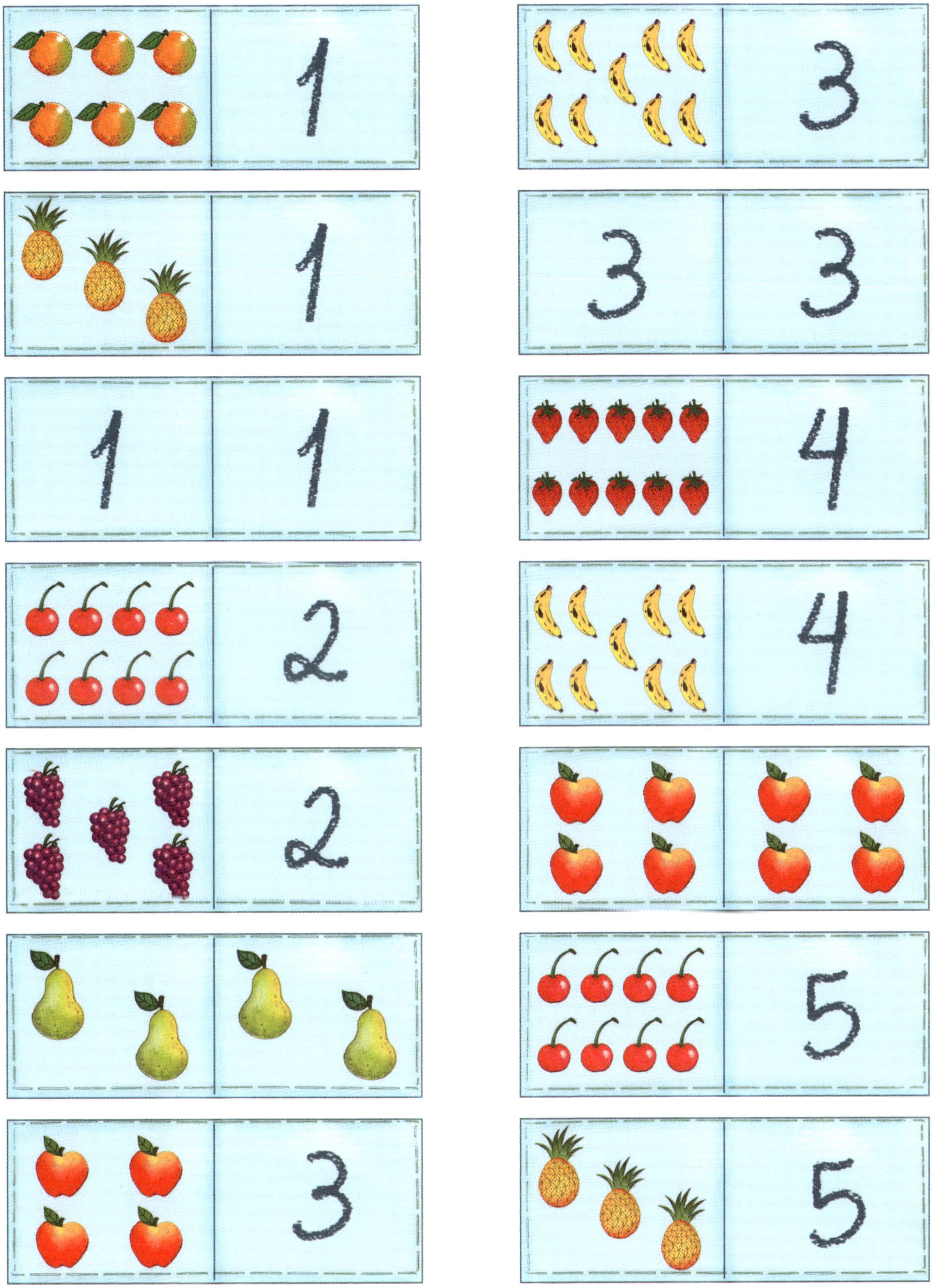

ILUSTRAÇÕES: ALÊ MATOS/ARQUIVO DA EDITORA

ILUSTRAÇÕES: ALÊ MATOS/ARQUIVO DA EDITORA

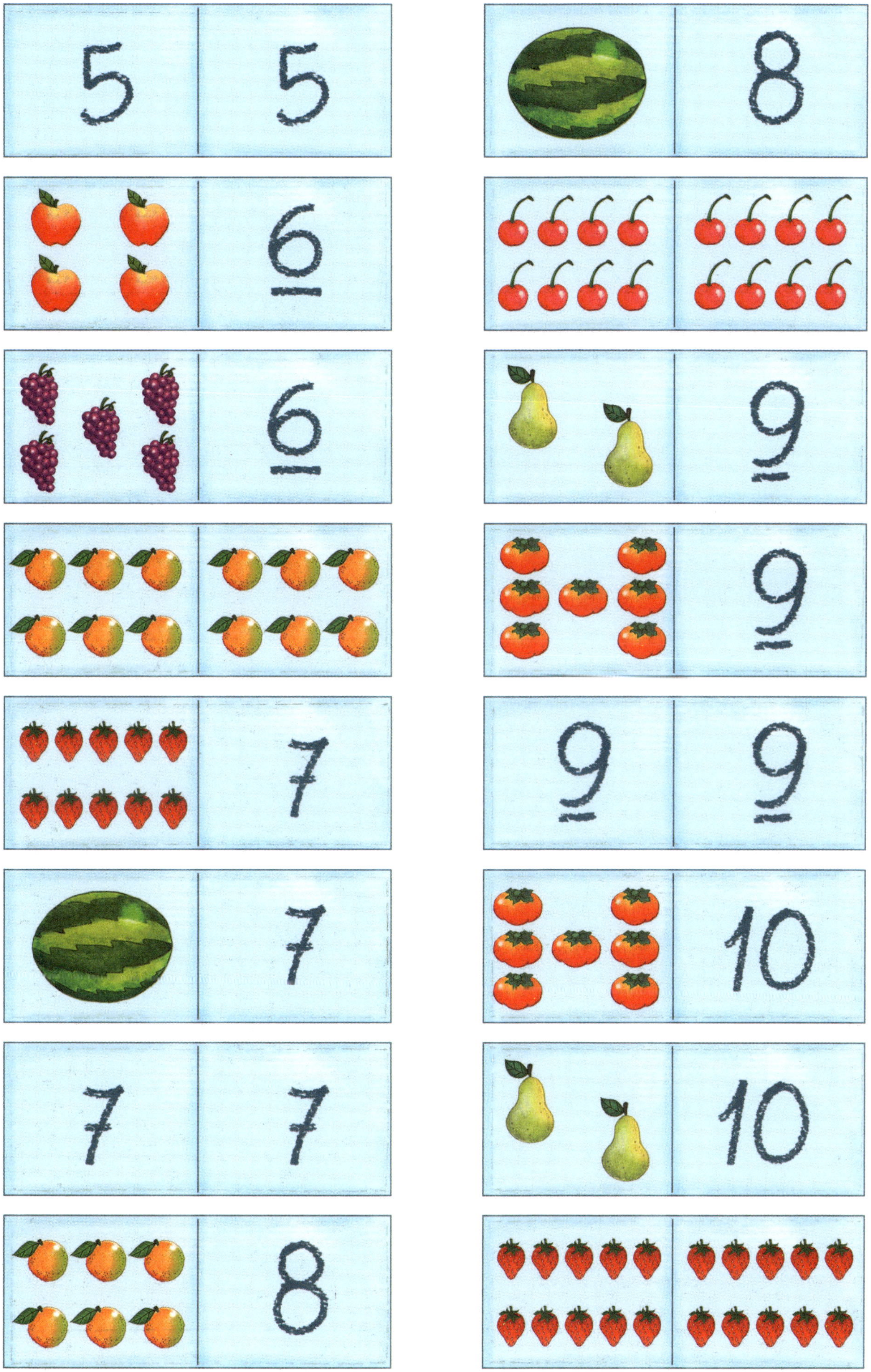

ILUSTRAÇÕES: ALÉ MATOS/ARQUIVO DA EDITORA

ILUSTRAÇÕES: ALÉ MATOS/ARQUIVO DA EDITORA

CARTÕES NUMERADOS

ILUSTRAÇÕES: FONGMAN/SHUTTERSTOCK/GLOW IMAGES

TABULEIRO DO **JOGO DOS PONTINHOS** (PARA 2 JOGADORES)

JOGADOR 1
NOME:
PONTOS:

JOGADOR 2
NOME:
PONTOS:

QUADRADOS PARA DECOMPOSIÇÃO

TABULEIRO DO **JOGO DOS PONTINHOS** (PARA 3 JOGADORES)

JOGADOR 1	JOGADOR 2	JOGADOR 3
NOME:	NOME:	NOME:
PONTOS:	PONTOS:	PONTOS:

CARTÕES QUADRADOS DO JOGO **TRILHA**

CARTÕES QUADRADOS DO JOGO **TRILHA**

PÁGINA 106 DO LIVRO

DINHEIRO EM MOEDAS

REPRODUÇÃO/CASA DA MOEDA DO BRASIL/MINISTÉRIO DA FAZENDA

TABULEIRO DO JOGO **70 CASAS**

10	20	30	40	50	60	70
9	19	29	39	49	59	69
8	18	28	38	48	58	68
7	17	27	37	47	57	67
6	16	26	36	46	56	66
5	15	25	35	45	55	65
4	14	24	34	44	54	64
3	13	23	33	43	53	63
2	12	22	32	42	52	62
1	11	21	31	41	51	61

PÁGINA 131 DO LIVRO

PARTES PARA COMPOSIÇÃO

DINHEIRO EM CÉDULAS

REPRODUÇÃO/CASA DA MOEDA DO BRASIL/MINISTÉRIO DA FAZENDA

PÁGINA 134 DO LIVRO

DINHEIRO EM CÉDULAS

BANCO CENTRAL DO BRASIL
A E 015088398 20
20
A E 015088398
VINTE REAIS

BANCO CENTRAL DO BRASIL
A F 041679634 10
10
A F 041679634
DEZ REAIS

BANCO CENTRAL DO BRASIL
A E 015088398 20
20
A E 015088398
VINTE REAIS

BANCO CENTRAL DO BRASIL
A F 041679634 10
10
A F 041679634
DEZ REAIS

BANCO CENTRAL DO BRASIL
C A 017267290 50
50
C A 017267290
CINQUENTA REAIS

BANCO CENTRAL DO BRASIL
A F 041679634 10
10
A F 041679634
DEZ REAIS

BANCO CENTRAL DO BRASIL
C A 017267290 50
50
C A 017267290
CINQUENTA REAIS

BANCO CENTRAL DO BRASIL
A F 041679634 10
10
A F 041679634
DEZ REAIS

BANCO CENTRAL DO BRASIL
C A 051246001 100
100
C A 051246001
CEM REAIS

BANCO CENTRAL DO BRASIL
A F 041679634 10
10
A F 041679634
DEZ REAIS

CARTAS NUMERADAS DO JOGO **O MAIOR LEVA**

O MAIOR LEVA

O MAIOR LEVA

O MAIOR LEVA

O MAIOR LEVA

O MAIOR LEVA

O MAIOR LEVA

O MAIOR LEVA

O MAIOR LEVA

O MAIOR LEVA

O MAIOR LEVA

CARTÕES DE ROTINA

ILUSTRAÇÕES: ESTÚDIO ORNITORRINCO/ ARQUIVO DA EDITORA

PÁGINAS 164 E 165 DO LIVRO

FIGURAS GEOMÉTRICAS DO JOGO **TAPÃO CERTO**

Projeto LUMIRÁ

MATEMÁTICA 1

CADERNO DE ATIVIDADES

ALUNO: ....

ESCOLA: ....

editora ática

SUMÁRIO

PÁGINAS 12 E 13 DO LIVRO

NÚMEROS PELA ESCOLA

1 OBSERVE O TRAJETO DE SUA CASA ATÉ A ESCOLA. ONDE APARECEM NÚMEROS NESSE TRAJETO? ESCREVA OU DESENHE NO ESPAÇO ABAIXO.

2 OBSERVE CADA SITUAÇÃO ABAIXO. CONVERSE COM OS COLEGAS SOBRE O QUE OS NÚMEROS INDICAM EM CADA SITUAÇÃO.

A)

DANIEL CYMBALISTA/PULSAR IMAGENS

RODOVIA COMANDANTE JOÃO RIBEIRO DE BARROS, EM MARÍLIA, SP. FOTO DE 2015.

B)

DANIEL CYMBALISTA/PULSAR IMAGENS

AVENIDA PAULISTA, EM SÃO PAULO, SP. FOTO DE 2013.

3 PROCURE NÚMEROS EM JORNAIS E REVISTAS. RECORTE OS NÚMEROS QUE VOCÊ ENCONTROU E COLE NO ESPAÇO ABAIXO. SE PRECISAR, PEÇA AJUDA A UM ADULTO.

PÁGINAS 14 E 15 DO LIVRO

CONTAGEM DE 1 A 10

1 LEIA A CANTIGA ABAIXO. SE PRECISAR, PEÇA AJUDA A UM ADULTO.

1, 2, 3 INDIOZINHOS
4, 5, 6 INDIOZINHOS
7, 8, 9 INDIOZINHOS
10 NUM PEQUENO BOTE.
VINHAM NAVEGANDO PELO RIO ABAIXO
QUANDO UM JACARÉ SE APROXIMOU
E O PEQUENO BOTE DOS INDIOZINHOS
QUASE, QUASE VIROU.
MAS NÃO VIROU!

CANTIGA POPULAR.

DESENHE ABAIXO OS INDIOZINHOS DA PRIMEIRA LINHA DESSA CANTIGA.

1, 2, 3 indiozinhos

2 CONTE OS ÍNDIOS EM CADA DESENHO. DEPOIS, PINTE O QUADRINHO COM O NÚMERO CORRESPONDENTE.

A)

6

7

8

B)

4

5

6

C)

7

8

9

ESCRITA DOS NÚMEROS

1 ESCREVA TRÊS VEZES CADA NÚMERO ABAIXO.

1	6
2	7
3	8
4	9
5	10

2 COMPLETE CADA SEQUÊNCIA DE 1 A 10 COM OS NÚMEROS QUE FALTAM.

	2	3		5	6		8		10
1			4	5					10
1	2						8	9	
1				5					10
				5					

3 DESCUBRA QUAL É O NÚMERO EM CADA ENIGMA ABAIXO.

A) SOU MAIOR DO QUE O 4
E MENOR DO QUE O 7.
MEU NOME RIMA COM VOCÊS
EU SOU O NÚMERO: ☐

B) SOU MENOR DO QUE O 10
E MAIOR DO QUE O 6.
MEU NOME RIMA COM CHICLETE
EU SOU O NÚMERO: ☐

C) SOU MENOR DO QUE O 10
E MAIOR DO QUE O 4.
MEU NOME RIMA COM CHOVE
EU SOU O NÚMERO: ☐

4 NA SEQUÊNCIA DE 1 ATÉ 10 ABAIXO, OS NÚMEROS ESTÃO ESCRITOS DO MENOR PARA O MAIOR. OBSERVE:

1	2	3	4	5	6	7	8	9	10

ESCREVA OS NÚMEROS DE CADA ITEM ABAIXO DO MENOR PARA O MAIOR.

A) 9, 7, 1

____

B) 6, 2, 8

____

C) 5, 2, 9

____

D) 8, 5, 3, 4

____

E) 6, 10, 7, 8, 9

____

F) 4, 1, 9, 7, 5

____

PERCEPÇÃO DO ESPAÇO

1 OBSERVE A SALA DE AULA DA PROFESSORA DENISE.

A) QUEM ESTÁ NA FRENTE DE LETÍCIA?

____

B) DESCREVA A POSIÇÃO DE JORGE.

C) O CACHORRO ESTÁ DENTRO OU FORA DA SALA DE AULA?

____

D) QUEM ESTÁ À ESQUERDA DA PESSOA COM CAMISETA LARANJA?

E) QUEM ESTÁ SENTADO ATRÁS DE JORGE?

____

F) QUEM ESTÁ SENTADO AO LADO DA JANELA?

____

2 ESCOLHA UM COLEGA DE SUA TURMA. QUEM ESTÁ SENTADO NA FRENTE DESSE COLEGA NA SALA DE AULA? E ATRÁS DESSE COLEGA? E DO LADO DIREITO OU DO LADO ESQUERDO? DESENHE ABAIXO A POSIÇÃO DESSES COLEGAS NA SALA DE AULA.

3 OBSERVE A IMAGEM ABAIXO E PRESTE ATENÇÃO NAS DICAS. DEPOIS, CONTORNE A PESSOA MISTERIOSA.

> EU NÃO ESTOU COM A MÃO LEVANTADA. ATRÁS DE MIM NÃO HÁ NINGUÉM. NA MINHA FRENTE ESTÁ UMA PESSOA DE CAMISETA AMARELA.

PÁGINAS 24 E 25 DO LIVRO

CONTAGEM E QUANTIDADE

1 LIGUE CADA QUADRO À QUANTIDADE DE ANIMAIS QUE HÁ NELE.

AS IMAGENS DESTAS PÁGINAS NÃO ESTÃO REPRESENTADAS EM PROPORÇÃO.

ANDREY BURMAKIN/ SHUTTERSTOCK/GLOW IMAGES

ANAN KAEWKHAMMUL/ SHUTTERSTOCK/GLOW IMAGES

AARON AMAT/ SHUTTERSTOCK/GLOW IMAGES

ERIC ISSELEE/ SHUTTERSTOCK/GLOW IMAGES

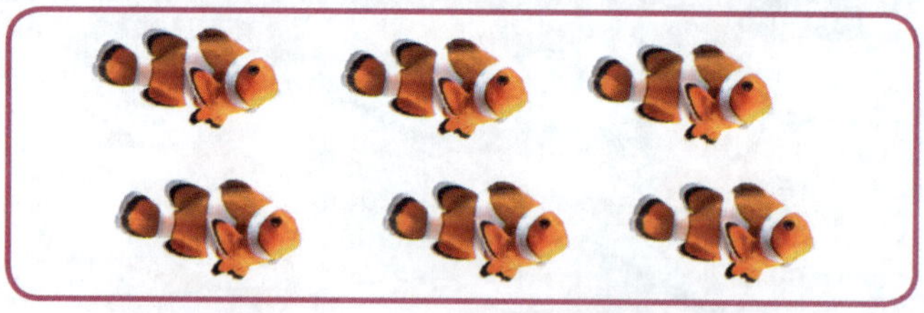
BLUEHAND/ SHUTTERSTOCK/GLOW IMAGES

ERIC ISSELEE/ SHUTTERSTOCK/GLOW IMAGES

5 ANIMAIS

6 ANIMAIS

7 ANIMAIS

3 ANIMAIS

2 ANIMAIS

9 ANIMAIS

2 JOANA ESTÁ BRINCANDO DE EMPILHAR ALGUNS BLOCOS DE MADEIRA EM CIMA DA MESA.

A) OBSERVE A PILHA DE BLOCOS DE MADEIRA VISTA DE FRENTE.

QUANTOS BLOCOS PODEMOS VER NESSA IMAGEM? ☐

B) AGORA, OBSERVE OS BLOCOS DE MADEIRA DE OUTRO MODO.

QUANTOS BLOCOS JOANA EMPILHOU AO TODO? ☐

PÁGINAS 26 E 27 DO LIVRO

IDEIA DE JUNTAR

1 FAÇA OS DESENHOS ABAIXO.

A) DESENHE 4 FLORES VERMELHAS.

B) DESENHE 3 FLORES AMARELAS.

2 QUANTAS FLORES VOCÊ DESENHOU AO TODO? ☐

3 SE VOCÊ DESENHAR MAIS 2 FLORES, ENTÃO QUANTAS FLORES VOCÊ TERÁ AO TODO? ☐

4 COMPLETE AS FRASES ABAIXO COM O NÚMERO CORRESPONDENTE.

A) EU TINHA 4 CADERNOS. JUNTEI 3 CADERNOS E FIQUEI COM ☐ CADERNOS.

AS IMAGENS DESTA PÁGINA NÃO ESTÃO REPRESENTADAS EM PROPORÇÃO.

B) EU TINHA 1 CAMISETA. JUNTEI 5 CAMISETAS E FIQUEI COM ☐ CAMISETAS.

C) EU TINHA 5 CARRINHOS. JUNTEI 5 CARRINHOS E FIQUEI COM ☐ CARRINHOS.

5 AGORA, ESCOLHA OS OBJETOS E AS QUANTIDADES. DESENHE OS OBJETOS E COMPLETE AS FRASES.

TINHA ______________________. JUNTEI ______________________

E FIQUEI COM ______________________.

AGRUPAMENTO

1 VEJA ABAIXO AS FICHAS QUE RENATO TEM:

ELE QUER SEPARAR ESSAS FICHAS EM GRUPOS DE CORES. AJUDE RENATO E DESENHE ABAIXO AS FICHAS NOS GRUPOS CORRETOS.

COR-DE-ROSA	AMARELO	VERDE

AZUL	PRETO	VERMELHO

2 OBSERVE A COLEÇÃO DE FICHAS DE RENATO NA PÁGINA ANTERIOR.

A) QUAL É A COR DA MAIORIA DAS FICHAS DE RENATO?

____

B) QUANTAS FICHAS SÃO VERMELHAS? ☐

C) RENATO TEM 6 FICHAS DA SUA COR PREFERIDA. QUAL É A COR PREFERIDA DE RENATO?

____

D) QUAL É A COR QUE MENOS APARECE NAS FICHAS?

____

E) QUANTAS FICHAS SÃO BRANCAS? ☐

3 AGORA É A SUA VEZ! COMO PODEMOS AGRUPAR OS ANIMAIS ABAIXO?

PÁGINAS 34 E 35 DO LIVRO

SÓLIDOS GEOMÉTRICOS

- OBSERVE OS OBJETOS ABAIXO. ESCREVA O NOME DO SÓLIDO GEOMÉTRICO COM QUE CADA OBJETO SE PARECE.

AS IMAGENS DESTAS PÁGINAS NÃO ESTÃO REPRESENTADAS EM PROPORÇÃO.

A)

MAXAL TAMOR/SHUTTERSTOCK/GLOW IMAGES

____

D)

EDUARDO DE LUCA/ARQUIVO DA EDITORA

____

B)

MARCO DE BARI/ARQUIVO DA EDITORA/EA

____

E)

IRMAK AKCADOGAN/SHUTTERSTOCK/GLOW IMAGES

____

C)

ROMAN SAMOKHIN/SHUTTERSTOCK

____

F)

EVGENY KARANDAEV/SHUTTERSTOCK/GLOW IMAGES

____

PÁGINAS 36 E 37 DO LIVRO

MEDIDAS DE COMPRIMENTO: MAIOR E MENOR

1 USE SEU PALMO PARA MEDIR ALGUNS OBJETOS AO SEU REDOR. DEPOIS, REGISTRE ABAIXO.

OBJETOS MAIORES DO QUE MEU PALMO	OBJETOS DO TAMANHO DO MEU PALMO	OBJETOS MENORES DO QUE MEU PALMO

2 MARQUE UM **X** NOS OBJETOS ABAIXO QUE **NÃO** PODEM SER USADOS PARA MEDIR COMPRIMENTOS.

☐ 
SÉRGIO DOTTA JR./THE NEXT

☐ 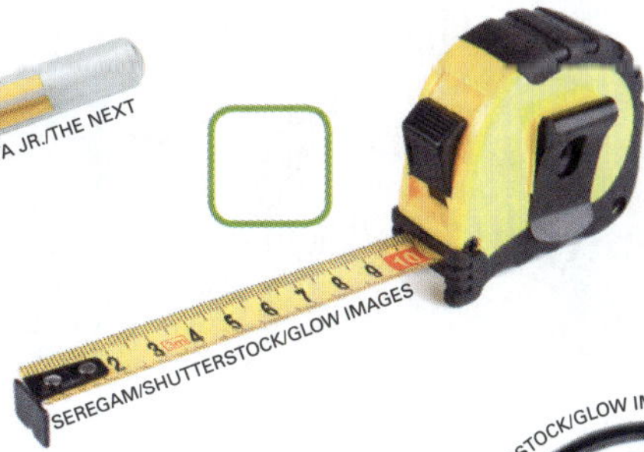
SEREGAM/SHUTTERSTOCK/GLOW IMAGES

☐ 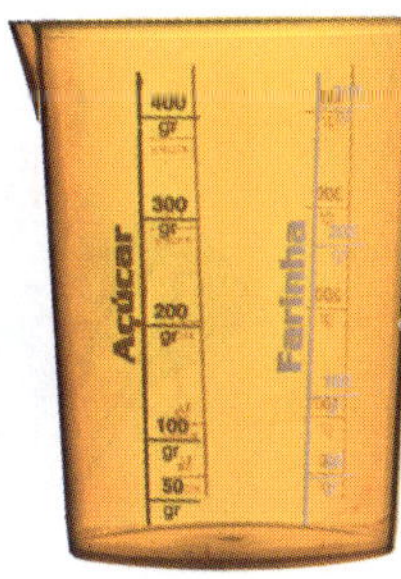

PEDRO RUBENS/ARQUIVO DA EDITORA/EA

☐ 
NRT/SHUTTERSTOCK/GLOW IMAGES

ERASHOV/SHUTTERSTOCK/GLOW IMAGES
☐

PÁGINAS 48 E 49 DO LIVRO

CONTAGEM

1 COMPLETE CADA SEQUÊNCIA DE 1 A 10 COM OS NÚMEROS QUE FALTAM.

A)

1		3		5		7		9	

B)

1	2			5					10

2 CONTE A QUANTIDADE DE OBJETOS EM CADA ITEM ABAIXO. DEPOIS, REGISTRE O NÚMERO CORRESPONDENTE NO QUADRINHO.

A)  ☐

AS IMAGENS DESTAS PÁGINAS NÃO ESTÃO REPRESENTADAS EM PROPORÇÃO.

B)  ☐

C)  ☐

D)  ☐

IDEIA DE TIRAR

1 SAMUEL TEM 9 BRINQUEDOS. COMO ELE NÃO BRINCA COM TODOS, RESOLVEU DAR 1 BRINQUEDO PARA CLARA.

COM QUANTOS BRINQUEDOS SAMUEL FICOU? ☐

2 DEPOIS, SAMUEL DEU 1 BRINQUEDO PARA ENZO.

COM QUANTOS BRINQUEDOS SAMUEL FICOU AGORA? ☐

3 MAIS UMA VEZ, SAMUEL RESOLVEU DAR 1 BRINQUEDO PARA CLARA.

E AGORA, COM QUANTOS BRINQUEDOS SAMUEL FICOU? ☐

4 QUANTOS BRINQUEDOS SAMUEL DEU PARA CLARA? ☐

PÁGINAS 52 E 53 DO LIVRO

IDEIA DE ACRESCENTAR

1 CLARA TINHA 3 BRINQUEDOS.

A) COM QUANTOS BRINQUEDOS CLARA FICOU QUANDO RECEBEU 1 BRINQUEDO DE SAMUEL? ☐

B) E COM QUANTOS BRINQUEDOS ELA FICOU QUANDO RECEBEU MAIS 1 BRINQUEDO DE SAMUEL? ☐

C) SE CLARA GANHAR MAIS 2 BRINQUEDOS DE SAMUEL, ENTÃO QUANTOS BRINQUEDOS ELA TERÁ AO TODO? ☐

2 BRUNO ESTÁ GUARDANDO SUAS BOLINHAS DE GUDE EM UMA CAIXA. OBSERVE AS IMAGENS ABAIXO E COMPLETE AS FRASES.

PÁGINAS 54 E 55 DO LIVRO

MEDIDA DE MASSA

1 OBSERVE ABAIXO AS FOTOS DE ALGUNS OBJETOS. EM CADA ITEM, CONTORNE A FOTO DO OBJETO QUE É MAIS PESADO.

AS IMAGENS DESTA PÁGINA NÃO ESTÃO REPRESENTADAS EM PROPORÇÃO.

A)

TARAPONG PATTAMACHAIYANT/ SHUTTERSTOCK/GLOW IMAGES

PSHENICHKA/ SHUTTERSTOCK/GLOW IMAGES

B)

ADISA/SHUTTERSTOCK/ GLOW IMAGES

MICHAEL SHAKE/ SHUTTERSTOCK/ GLOW IMAGES

C)

EVGENIY AYUPOV/ SHUTTERSTOCK/ GLOW IMAGES

OLGA POPOVA/SHUTTERSTOCK/GLOW IMAGES

2 COMO VOCÊ PENSOU PARA DECIDIR QUAL OBJETO É MAIS PESADO EM CADA ITEM ACIMA? COMENTE COM OS COLEGAS E O PROFESSOR.

PÁGINAS 60 E 61 DO LIVRO

QUADRO NUMÉRICO E CONTAGEM

1 COMPLETE O QUADRO ABAIXO DE 1 A 30 COM OS NÚMEROS QUE ESTÃO FALTANDO.

1	2	3		5
6			9	
11	12			15
16		18		
21	22	23		
		28	29	

2 VEJA AGORA O QUADRO ABAIXO, COM OS NÚMEROS ORGANIZADOS DE MANEIRA DIFERENTE! OS NÚMEROS DE 1 A 40 ESTÃO ORGANIZADOS DE **CIMA PARA BAIXO** EM CADA COLUNA. TENTE COMPLETAR O QUADRO.

1	11	21	
2			32
3	13		
4		24	34
5	15	25	35
		26	36
	17	27	
8		28	38
9		29	39
	20		40

3 OBSERVE AS IMAGENS ABAIXO E ESCREVA QUANTAS UNIDADES HÁ EM CADA ITEM.

A) 

B) 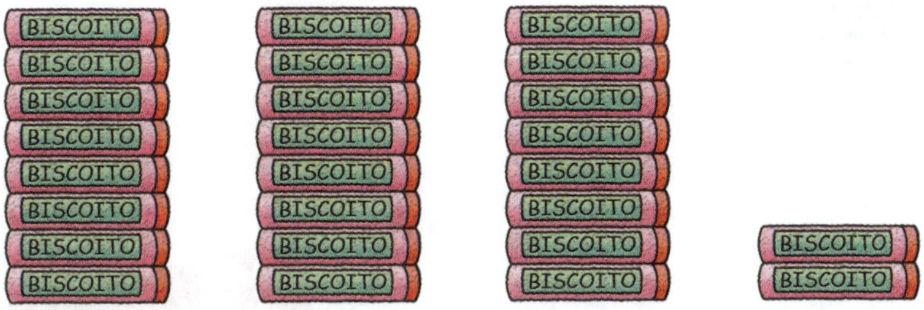

C) 

D) 

E) 

PÁGINAS 62 E 63 DO LIVRO

RECONHECENDO FIGURAS GEOMÉTRICAS

1 OBSERVE AS FIGURAS GEOMÉTRICAS ABAIXO.

A) HÁ QUANTOS CÍRCULOS? ☐

B) QUAL FIGURA GEOMÉTRICA APARECE EM MAIOR QUANTIDADE?

____

2 DESENHE ABAIXO O QUE SE PEDE.

A) 3 TRIÂNGULOS

B) 4 RETÂNGULOS

C) 2 CÍRCULOS

D) 3 QUADRADOS

MEDIDA DE TEMPO: CALENDÁRIO

1 NO QUARTO DE ANDRÉ SEMPRE HÁ UM CALENDÁRIO PARA ELE SABER AS DATAS E COMEMORAÇÕES DO ANO. VEJA ABAIXO O CALENDÁRIO DE 2016 QUE ANDRÉ TEM NO QUARTO.

2016

JANEIRO

D	S	T	Q	Q	S	S
					1	2
3	4	5	6	7	8	9
10	11	12	13	14	15	16
17	18	19	20	21	22	23
24	25	26	27	28	29	30
31						

FEVEREIRO

D	S	T	Q	Q	S	S
	1	2	3	4	5	6
7	8	9	10	11	12	13
14	15	16	17	18	19	20
21	22	23	24	25	26	27
28	29					

MARÇO

D	S	T	Q	Q	S	S
		1	2	3	4	5
6	7	8	9	10	11	12
13	14	15	16	17	18	19
20	21	22	23	24	25	26
27	28	29	30	31		

ABRIL

D	S	T	Q	Q	S	S
					1	2
3	4	5	6	7	8	9
10	11	12	13	14	15	16
17	18	19	20	21	22	23
24	25	26	27	28	29	30

MAIO

D	S	T	Q	Q	S	S
1	2	3	4	5	6	7
8	9	10	11	12	13	14
15	16	17	18	19	20	21
22	23	24	25	26	27	28
29	30	31				

JUNHO

D	S	T	Q	Q	S	S
			1	2	3	4
5	6	7	8	9	10	11
12	13	14	15	16	17	18
19	20	21	22	23	24	25
26	27	28	29	30		

JULHO

D	S	T	Q	Q	S	S
					1	2
3	4	5	6	7	8	9
10	11	12	13	14	15	16
17	18	19	20	21	22	23
24	25	26	27	28	29	30
31						

AGOSTO

D	S	T	Q	Q	S	S
	1	2	3	4	5	6
7	8	9	10	11	12	13
14	15	16	17	18	19	20
21	22	23	24	25	26	27
28	29	30	31			

SETEMBRO

D	S	T	Q	Q	S	S
				1	2	3
4	5	6	7	8	9	10
11	12	13	14	15	16	17
18	19	20	21	22	23	24
25	26	27	28	29	30	

OUTUBRO

D	S	T	Q	Q	S	S
						1
2	3	4	5	6	7	8
9	10	11	12	13	14	15
16	17	18	19	20	21	22
23	24	25	26	27	28	29
30	31					

NOVEMBRO

D	S	T	Q	Q	S	S
		1	2	3	4	5
6	7	8	9	10	11	12
13	14	15	16	17	18	19
20	21	22	23	24	25	26
27	28	29	30			

DEZEMBRO

D	S	T	Q	Q	S	S
				1	2	3
4	5	6	7	8	9	10
11	12	13	14	15	16	17
18	19	20	21	22	23	24
25	26	27	28	29	30	31

A) QUAL MÊS VEM DEPOIS DE SETEMBRO?

____

B) QUAL MÊS VEM ANTES DE SETEMBRO?

____

C) E QUAL MÊS VEM DEPOIS DE DEZEMBRO?

____

D) QUAIS MESES TIVERAM 5 DOMINGOS EM 2016?

____

E) QUAL MÊS TEM MENOS DIAS?

____

F) EM 2016, SEU ANIVERSÁRIO CAIU EM QUAL DIA DA SEMANA?

____

2 COMPLETE ABAIXO COM O CALENDÁRIO DESTE MÊS:

MÊS: _______________

D	S	T	Q	Q	S	S

3 OBSERVE AGORA O DESTAQUE PARA O MÊS DE DEZEMBRO DE 2016.

A) QUAIS SÃO OS DIAS DA SEMANA?

____

____

B) EM QUAL DIA DA SEMANA COMEÇA ESSE MÊS DE DEZEMBRO?

____

C) QUAL É O ÚLTIMO DIA DESSE MÊS? [ ]

D) EM QUAL DIA DA SEMANA ESSE MÊS TERMINA?

____

E) QUANTAS TERÇAS-FEIRAS HÁ NESSE MÊS DE DEZEMBRO? [ ]

F) QUANTOS SÁBADOS HÁ NESSE MÊS DE DEZEMBRO? [ ]

PÁGINAS 72 E 73 DO LIVRO

TABELAS E GRÁFICOS

- RENATO TRABALHA EM UMA LOJA DE BRINQUEDOS. VEJA AS VENDAS QUE RENATO FEZ E ANOTOU NA TABELA ABAIXO.

VENDAS DE RENATO

PRODUTO	QUANTIDADE DE PRODUTOS
CARRINHO	6
BONECA	7
INSTRUMENTO MUSICAL	4
JOGO	9

TABELA ELABORADA PARA FINS DIDÁTICOS.

AGORA, COMPLETE O GRÁFICO A SEGUIR. PINTE 1 QUADRADINHO PARA CADA PRODUTO VENDIDO.

VENDAS DE RENATO

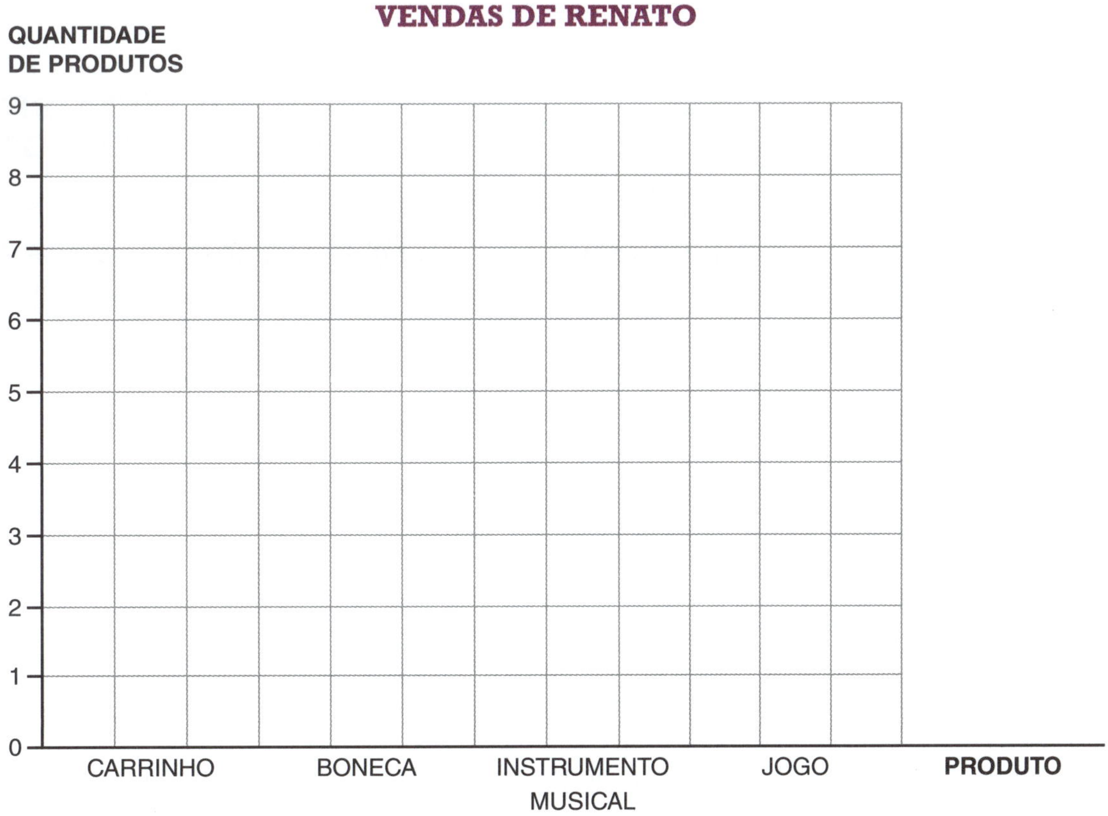

GRÁFICO ELABORADO PARA FINS DIDÁTICOS.

PÁGINAS 74 E 75 DO LIVRO

MEDIDAS DE COMPRIMENTO

1 USE SUAS MÃOS ABERTAS PARA MEDIR O COMPRIMENTO DE SUA CAMA.

A) COMPLETE: MINHA CAMA TEM ☐ PALMOS DE COMPRIMENTO.

B) SUA CAMA É MAIOR OU MENOR DO QUE VOCÊ? ____________________

C) EXPLIQUE A UM COLEGA COMO VOCÊ CHEGOU A ESSA CONCLUSÃO.

2 ESCOLHA ALGUNS OBJETOS DE SUA CASA PARA MEDIR O COMPRIMENTO.

A) OBSERVE OS OBJETOS E FAÇA UMA ESTIMATIVA DE SEU COMPRIMENTO. SEPARE-OS EM **MAIORES DO QUE 5 PALMOS** E **MENORES DO QUE 5 PALMOS**.

B) AGORA, MEÇA O COMPRIMENTO DE CADA OBJETO E REGISTRE ABAIXO.

OBJETOS MAIORES DO QUE 5 PALMOS

NOME DO OBJETO	COMPRIMENTO
	______ PALMOS
	______ PALMOS
	______ PALMOS
	______ PALMOS

OBJETOS MENORES DO QUE 5 PALMOS

NOME DO OBJETO	COMPRIMENTO
	______ PALMOS
	______ PALMOS
	______ PALMOS
	______ PALMOS

C) SUA ESTIMATIVA DE COMPRIMENTO FOI CORRETA PARA TODOS OS OBJETOS? ____________________

PÁGINAS 78 E 79 DO LIVRO

MAIS SEQUÊNCIA NUMÉRICA

- LUÍS QUERIA MOSTRAR PARA SEU IRMÃO MAIS VELHO O QUE APRENDEU NA AULA DE MATEMÁTICA. ELE CONSTRUIU UM QUADRO NUMÉRICO DE 0 A 49 EM UMA FOLHA DE PAPEL. VEJA ABAIXO O QUADRO QUE ELE FEZ.

0	1	2	3	4	5	6	7	8	9
10	11	12	13	14	15	16	17	19	19
20	21	22	23	34	35	36	37	38	49
40	41	42	43	45	45	46	47	48	49

VEJA O QUE O IRMÃO DE LUÍS DISSE AO VER O QUADRO NUMÉRICO.

VEJA ABAIXO O QUADRO NUMÉRICO QUE O IRMÃO DE LUÍS COMEÇOU A CONSTRUIR. DEPOIS, COMPLETE COM OS NÚMEROS QUE FALTAM.

0	1	2	3						
							17		
20			23	24					
			33	34	35				
40									49

IDEIAS DE COMPLETAR E DE COMPARAR

1 COMPLETE OS DESENHOS ABAIXO PARA QUE FIQUEM COM A QUANTIDADE DE OBJETOS DESCRITA.

AS IMAGENS DESTAS PÁGINAS NÃO ESTÃO REPRESENTADAS EM PROPORÇÃO.

A) 15 BALÕES

B) 27 TRIÂNGULOS

C) 42 LÁPIS

2 OBSERVE OS DESENHOS QUE VOCÊ FEZ ACIMA.

A) QUANTOS DESENHOS DE BALÃO VOCÊ FEZ?

B) QUANTOS DESENHOS DE TRIÂNGULO VOCÊ FEZ?

C) QUANTOS DESENHOS DE TRIÂNGULO VOCÊ FEZ A MAIS DO QUE DESENHOS DE BALÃO?

D) O QUE VOCÊ DESENHOU MAIS: BALÕES, TRIÂNGULOS OU LÁPIS?

____

PÁGINAS 92 E 93 DO LIVRO

MULTIPLICAÇÃO E DIVISÃO

1 ADRIANA ESTÁ AJUDANDO SUA MÃE A PLANEJAR AS COMPRAS DO SUPERMERCADO. VAMOS AJUDAR A ADRIANA? FAÇA ABAIXO OS DESENHOS NECESSÁRIOS E COMPLETE OS DIÁLOGOS.

A)

B)

2 CONTINUE AJUDANDO ADRIANA A PLANEJAR AS COMPRAS COM SUA MÃE. FAÇA OS DESENHOS NECESSÁRIOS E COMPLETE OS DIÁLOGOS.

PÁGINAS 94 E 95 DO LIVRO

RECONHECIMENTO DE NÚMEROS

- OBSERVE O QUADRO NUMÉRICO ABAIXO.

	2	3	4			7	8	9	10
11		13	14		16		18	19	20
21	22		24		26	27		29	30
31	32	33			36	37	38		40
41	42	43	44		46				

A) COMPLETE O QUADRO COM OS NÚMEROS QUE ESTÃO FALTANDO.

B) QUAL É O MAIOR NÚMERO DESSE QUADRO QUE TERMINA COM 9?

C) PINTE DE **VERDE** OS NÚMEROS QUE TERMINAM COM 5.

D) PINTE DE **AMARELO** OS NÚMEROS MAIORES DO QUE 46 E MENORES DO QUE 50.

E) ESCREVA POR EXTENSO OS NÚMEROS QUE TERMINAM EM 8.

F) EM QUAIS NÚMEROS APARECE O 1?

G) QUAIS NÚMEROS TERMINAM EM 1?

PÁGINAS 96 E 97 DO LIVRO

RECORTANDO EMBALAGENS

- DENISE GOSTA MUITO DE COMPARAR A FORMA DOS OBJETOS COM FIGURAS GEOMÉTRICAS. VEJA ABAIXO O OBJETO QUE ELA ESTÁ OBSERVANDO.

A) DESENHE AS FIGURAS GEOMÉTRICAS QUE VOCÊ IDENTIFICA OLHANDO PARA OS LADOS DA CAIXA DE SAPATOS DE DENISE.

B) QUAL É O NOME DESSAS FIGURAS GEOMÉTRICAS?

ADIÇÃO E SUBTRAÇÃO

1 OBSERVE OS DADOS ABAIXO E O TOTAL DE PONTOS OBTIDOS EM CADA JOGADA. DEPOIS, COMPLETE COM AS INFORMAÇÕES QUE FALTAM.

A) 7 PONTOS

B) ____ PONTOS

C) 5 PONTOS

D) ____ PONTOS

E) 9 PONTOS

F) 9 PONTOS

2 QUANTOS PONTOS CADA DADO PODE MARCAR PARA OBTER OS RESULTADOS ABAIXO? DESENHE PARA MOSTRAR.

A) 10

B) 8

C) 4

D) 5

E) 7

F) 3

PÁGINAS 104 E 105 DO LIVRO

GRÁFICO DE COLUNAS

1 RICARDO É GERENTE DE UMA LOJA DE ARTIGOS PARA CASA. EM UM DIA, ELE ATENDEU 5 CLIENTES NO PERÍODO DA MANHÃ. VEJA NO GRÁFICO ABAIXO A QUANTIDADE DE PRODUTOS COMPRADOS POR ESSES CLIENTES.

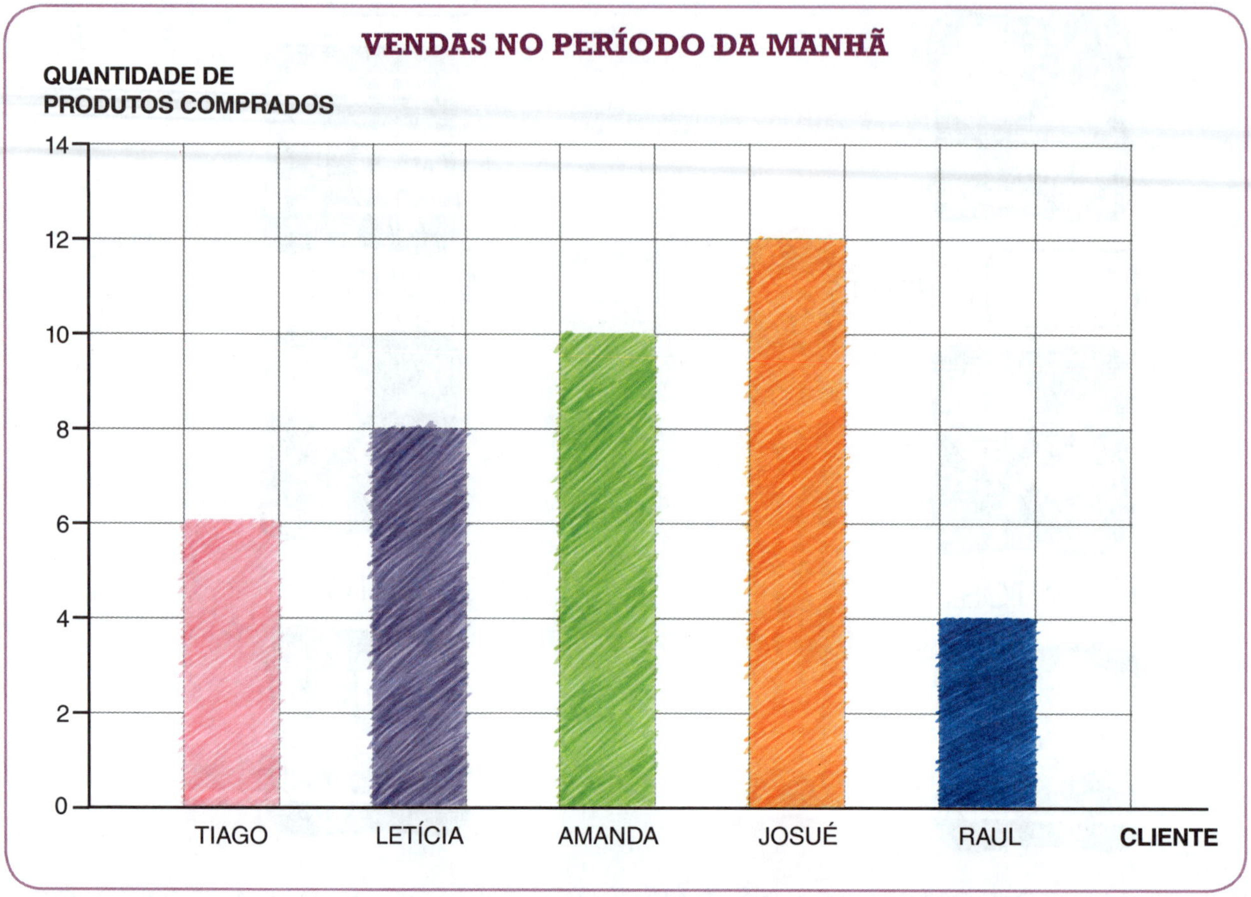

GRÁFICO ELABORADO PARA FINS DIDÁTICOS.

A) QUAL É O TÍTULO DESSE GRÁFICO?

____

B) ESCREVA O NOME DOS CLIENTES REPRESENTADOS NESSE GRÁFICO.

____

C) QUAL DESSES CLIENTES COMPROU MAIS PRODUTOS?

____

D) E QUAL CLIENTE COMPROU MENOS PRODUTOS? ______________

2 OBSERVE NOVAMENTE O GRÁFICO DA PÁGINA ANTERIOR.

A) AMANDA COMPROU QUANTOS PRODUTOS A MAIS DO QUE LETÍCIA? ______

B) TIAGO COMPROU QUANTOS PRODUTOS A MENOS DO QUE AMANDA? ______

C) QUANTOS PRODUTOS FORAM COMPRADOS AO TODO? ______

3 RICARDO TAMBÉM REGISTROU AS VENDAS NO PERÍODO DA TARDE. VEJA NA TABELA ABAIXO.

VENDAS NO PERÍODO DA TARDE

CLIENTE	QUANTIDADE DE PRODUTOS COMPRADOS
VANESSA	4
ROSÂNGELA	14
SANDRO	8
LUCIANO	2
SAMANTA	10

TABELA ELABORADA PARA FINS DIDÁTICOS.

AGORA, COMPLETE O GRÁFICO A SEGUIR DE ACORDO COM AS VENDAS NO PERÍODO DA TARDE.

VENDAS NO PERÍODO DA TARDE

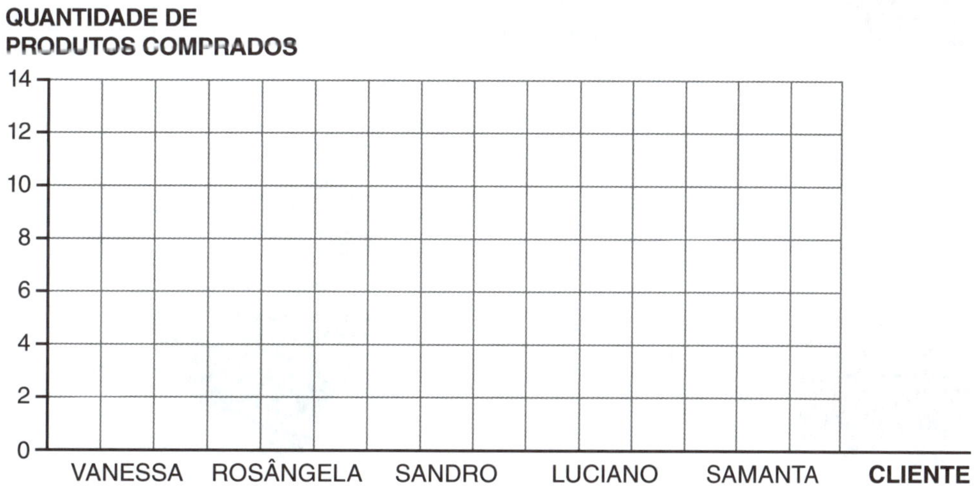

GRÁFICO ELABORADO PARA FINS DIDÁTICOS.

PÁGINAS 106 E 107 DO LIVRO

DINHEIRO EM MOEDAS

1 DANILO TEM AS SEGUINTES MOEDAS:

A) QUAL É O VALOR DE CADA MOEDA?

____

B) QUANTAS MOEDAS DANILO TEM?

____

C) ENTÃO, QUANTO DINHEIRO DANILO TEM?

____

D) QUAL DOS BRINQUEDOS ABAIXO DANILO **NÃO** PODE COMPRAR COM ESSE DINHEIRO? MARQUE UM **X** NO QUADRINHO CORRESPONDENTE.

7 REAIS

16 REAIS

3 REAIS

AS IMAGENS DESTA PÁGINA NÃO ESTÃO REPRESENTADAS EM PROPORÇÃO.

2 REAIS

6 REAIS

2 DANILO RESOLVEU COMPRAR O PIÃO DA ATIVIDADE ANTERIOR.

A) QUANTO CUSTA O PIÃO?

B) DANILO PODE COMPRAR ESSE PIÃO COM O DINHEIRO QUE TEM?

C) QUANTAS MOEDAS DANILO USARÁ PARA PAGAR O PIÃO?

D) DEPOIS DE COMPRAR O PIÃO, QUANTAS MOEDAS SOBRARÃO? DESENHE ABAIXO ESSAS MOEDAS.

E) QUAL PRODUTO DA PÁGINA ANTERIOR DANILO AINDA PODERIA COMPRAR COM O DINHEIRO QUE SOBROU?

PÁGINAS 116 E 117 DO LIVRO

DOBRADURAS

- PESQUISE UMA DOBRADURA E DESENHE ABAIXO AS ETAPAS PARA SUA MONTAGEM. DEPOIS, FAÇA A DOBRADURA USANDO UMA FOLHA DE PAPEL.

NÚMEROS DE 1 A 70

1 OBSERVE ABAIXO O QUADRO NUMÉRICO DE 50 A 69.

50	51			54
55		57		
	61		63	
	66			69

A) COMPLETE ESSE QUADRO COM OS NÚMEROS QUE FALTAM.

B) QUAL É O MAIOR NÚMERO DESSE QUADRO? ☐

C) DEPOIS DO MAIOR NÚMERO DESSE QUADRO, QUAL É O PRÓXIMO NÚMERO? ☐

D) ESCREVA 5 NÚMEROS MAIORES DO QUE 50 E MENORES DO QUE 60.

☐ ☐ ☐ ☐ ☐

2 ESCREVA POR EXTENSO OS NÚMEROS ABAIXO.

50 – ______________________

35 – ______________________

40 – ______________________

56 – ______________________

70 – ______________________

64 – ______________________

59 – ______________________

PÁGINAS 130 E 131 DO LIVRO

COMPOSIÇÃO DE FIGURAS GEOMÉTRICAS PLANAS

1 OBSERVE AS FIGURAS GEOMÉTRICAS ABAIXO.

A) ESCREVA ABAIXO O NOME DE CADA FIGURA.

FIGURA AMARELA: ______________________________

FIGURA ROXA: ______________________________

FIGURA VERDE: ______________________________

B) USE A IMAGINAÇÃO E CRIE UM DESENHO COM ESSAS FIGURAS.

2 DESENHE CADA FIGURA GEOMÉTRICA ABAIXO.

A) 1 QUADRADO

B) 1 TRAPÉZIO

C) 1 TRIÂNGULO

PÁGINAS 132 E 133 DO LIVRO

NÚMEROS DE 0 A 100

1 COMPLETE O QUADRO NUMÉRICO DE 0 A 100 COM OS NÚMEROS QUE FALTAM.

0		2	3	4			7	8	9
	11		13	14			17	18	
20	21	22		24	25	26	27		29
30	31	32	33					38	39
40			43	44				48	
			53	54				58	
	61	62	63		65	66		68	69
70	71	72		74	75	76	77		79
80	81		83	84			87	88	
90		92	93	94			97		
100									

2 QUANTOS NÚMEROS ESTAVAM FALTANDO NO QUADRO?

3 OBSERVE O QUADRO DA PÁGINA ANTERIOR.

A) ESCREVA POR EXTENSO TODOS OS NÚMEROS DA SEGUNDA COLUNA DESSE QUADRO.

____

____

____

____

____

____

____

____

____

____

B) O QUE OS NÚMEROS QUE VOCÊ ESCREVEU NO ITEM ANTERIOR TÊM EM COMUM?

____

C) EM QUAL COLUNA ESTÃO OS NÚMEROS QUE TERMINAM EM 0?

____

D) PINTE NO QUADRO TODOS OS NÚMEROS QUE TERMINAM EM 4.

E) OS NÚMEROS QUE VOCÊ PINTOU ESTÃO TODOS NA MESMA COLUNA? ______________________________

F) O QUE VOCÊ PODE CONCLUIR SOBRE AS COLUNAS DO QUADRO NUMÉRICO E COMO TERMINAM SEUS NÚMEROS? CONVERSE COM OS COLEGAS.

PÁGINAS 134 E 135 DO LIVRO

DINHEIRO EM CÉDULAS

- RONALDO ORGANIZOU UMA LISTA DE COMPRAS. CHEGANDO AO SUPERMERCADO, ELE REGISTROU QUANTO CADA PRODUTO ESTAVA CUSTANDO. VEJA ABAIXO A LISTA DE RONALDO.

Beterraba	R$ 3,00
Cenoura	R$ 2,00
Batata	R$ 5,00
Arroz	R$ 5,00
Feijão	R$ 4,00
Macarrão	R$ 3,00
Açúcar	R$ 2,00
Biscoito	R$ 3,00
Refrigerante	R$ 5,00
Chocolate	R$ 6,00

A) RONALDO VAI GASTAR QUANTOS REAIS COM ESSA COMPRA?

____

B) RONALDO FOI AO SUPERMERCADO COM AS CÉDULAS ABAIXO:

FOTOS: REPRODUÇÃO/ CASA DA MOEDA DO BRASIL/MINISTÉRIO DA FAZENDA

ELE PODERÁ COMPRAR TODOS OS PRODUTOS DE SUA LISTA?

____

C) QUANTOS REAIS SOBRARÃO?

____

PÁGINAS 136 E 137 DO LIVRO

LOCALIZAÇÃO NO ESPAÇO

1 OBSERVE O MAPA ABAIXO E A LOCALIZAÇÃO DE RENATO.

A) RENATO QUER IR À LIVRARIA E DEPOIS AO TEATRO. TRACE SOBRE O MAPA O TRAJETO QUE ELE PODE FAZER.

B) DESCREVA PARA UM COLEGA O TRAJETO QUE VOCÊ TRAÇOU. NÃO SE ESQUEÇA DE INDICAR O NOME DAS RUAS E OS PONTOS DE REFERÊNCIA DO TRAJETO.

2 VAMOS BRINCAR DE ADIVINHAÇÃO? ESCOLHA UM LOCAL PARA RENATO IR DEPOIS DO TEATRO.

- DESCREVA PARA UM COLEGA O TRAJETO ATÉ O LOCAL QUE VOCÊ ESCOLHEU, SEM DIZER QUAL É O LOCAL ESCOLHIDO.
- PEÇA QUE SEU COLEGA ADIVINHE O LOCAL QUE VOCÊ ESCOLHEU. ELE ACERTOU?

PÁGINAS 142 E 143 DO LIVRO

BRINQUEDOS QUE PODEM ROLAR

- DESENHE ABAIXO BRINQUEDOS QUE TENHAM FORMA PARECIDA COM CADA SÓLIDO GEOMÉTRICO.

CILINDRO	PARALELEPÍPEDO
CONE	**ESFERA**

SEQUÊNCIA NUMÉRICA

1 PINTE O MENOR NÚMERO DE CADA ITEM ABAIXO.

A) 40 56 10

B) 23 45 67

C) 91 29 14

D) 10 2 6

E) 84 71 64

F) 35 21 79

2 AGORA, PINTE O MAIOR NÚMERO DE CADA ITEM ABAIXO.

A) 55 11 65

B) 16 17 56

C) 77 64 48

D) 69 96 90

E) 57 75 98

F) 27 62 40

3 ESCREVA POR EXTENSO CADA NÚMERO QUE VOCÊ PINTOU.

4 ESCREVA O NÚMERO QUE VEM IMEDIATAMENTE DEPOIS DE CADA NÚMERO A SEGUIR.

A) 90 ☐ D) 50 ☐

B) 11 ☐ E) 9 ☐

C) 34 ☐ F) 64 ☐

5 ESCREVA O NÚMERO QUE VEM IMEDIATAMENTE ANTES DE CADA NÚMERO A SEGUIR.

A) ☐ 90 D) ☐ 13

B) ☐ 30 E) ☐ 36

C) ☐ 29 F) ☐ 52

6 OBSERVE AS SEQUÊNCIAS NUMÉRICAS ABAIXO E COMPLETE-AS DE 1 EM 1.

A) 27 ☐ 29 E) ☐ 67 ☐

B) 56 57 ☐ F) 77 ☐ ☐

C) ☐ ☐ 47 G) ☐ ☐ 54

D) 12 ☐ ☐ H) ☐ 44 ☐

PÁGINAS 146 E 147 DO LIVRO

LOCALIZAÇÃO NO CINEMA

- OBSERVE COM ATENÇÃO O MAPA DE LUGARES DE UM TEATRO. ELE É PARECIDO COM O MAPA DE UM CINEMA.

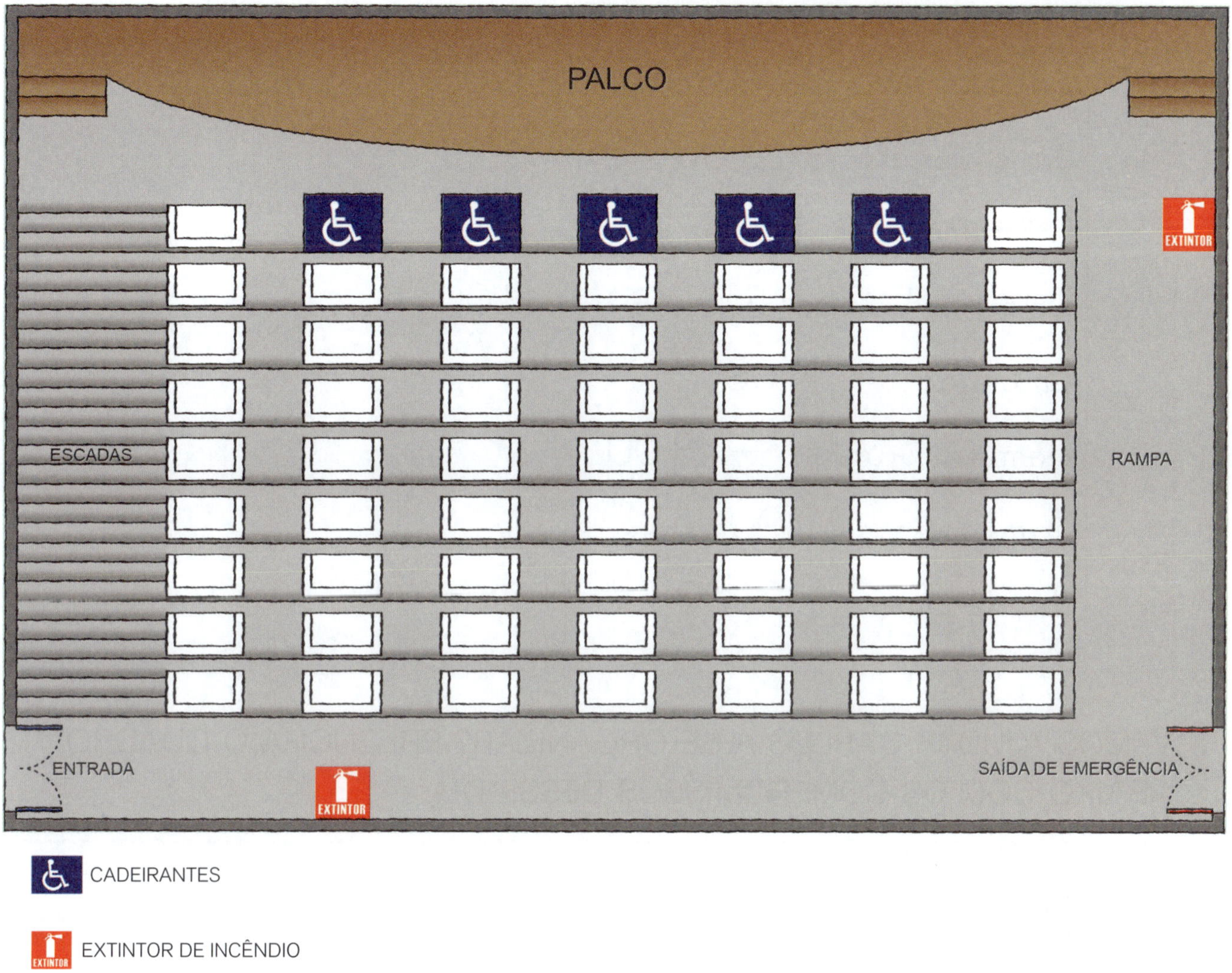

A) HÁ QUANTOS LUGARES EM CADA FILEIRA DESSE TEATRO?

B) HÁ QUANTOS LUGARES EM CADA COLUNA DESSE TEATRO?

C) EDUARDO SE SENTOU NA ÚLTIMA FILEIRA DE LUGARES, DE COSTAS PARA UM EXTINTOR DE INCÊNDIO. PINTE O ASSENTO DE EDUARDO.

D) CLÁUDIA SE SENTOU NA PRIMEIRA FILEIRA DE LUGARES, AO LADO DE UM EXTINTOR DE INCÊNDIO. CONTORNE O ASSENTO DE CLÁUDIA.

PÁGINAS 154 E 155 DO LIVRO

MEDIDA DE TEMPO: HORA

1 CARLOS FEZ UMA LISTA COM TODOS OS SEUS COMPROMISSOS DE UM DIA. VEJA ABAIXO:

Tomar café da manhã → 6:00
Ir à escola → 7:00
Almoçar → 12:00
Fazer o dever de casa → 14:00
Brincar → 16:00
Tomar banho → 19:00
Jantar → 20:00
Ir dormir → 21:00

VAMOS AJUDAR CARLOS A SE ORGANIZAR? PREENCHA O QUADRO ABAIXO COM OS COMPROMISSOS DESSE DIA.

<table>
<tr><td rowspan="2">PERÍODO DA MANHÃ</td><td>6:00</td><td></td></tr>
<tr><td>7:00</td><td></td></tr>
<tr><td rowspan="3">PERÍODO DA TARDE</td><td>12:00</td><td></td></tr>
<tr><td>14:00</td><td></td></tr>
<tr><td>16:00</td><td></td></tr>
<tr><td rowspan="3">PERÍODO DA NOITE</td><td>19:00</td><td></td></tr>
<tr><td>20:00</td><td></td></tr>
<tr><td>21:00</td><td></td></tr>
</table>

2 OBSERVE O QUADRO QUE VOCÊ PREENCHEU NA PÁGINA ANTERIOR.

A) QUAIS SÃO OS COMPROMISSOS DE CARLOS NO PERÍODO DA MANHÃ?

____

B) QUAIS SÃO OS COMPROMISSOS DE CARLOS NO PERÍODO DA TARDE?

____

C) A QUE HORAS CARLOS VAI DORMIR? REGISTRE NO RELÓGIO ABAIXO.

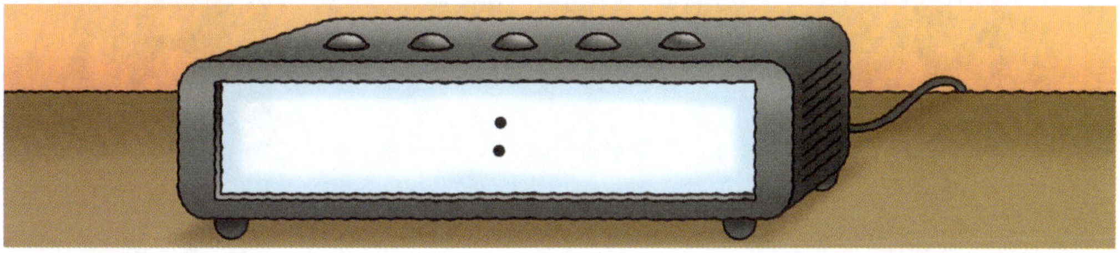

D) E A QUE HORAS VOCÊ VAI DORMIR? REGISTRE NO RELÓGIO ABAIXO.

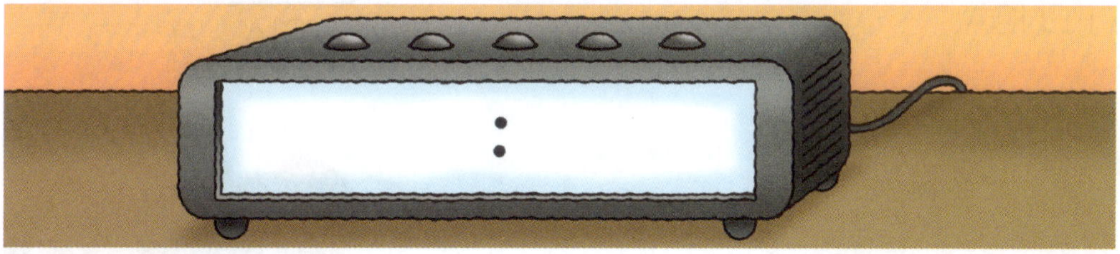

E) ESCOLHA UM DOS COMPROMISSOS DE CARLOS PARA DESENHAR ABAIXO.

PÁGINAS 156 E 157 DO LIVRO

ESTIMATIVA DE QUANTIDADE

1 JÉSSICA ADORA ESTIMAR QUANTIDADES. SEMPRE QUE VAI À FEIRA, ELA OLHA AS FRUTAS E TENTA ADIVINHAR QUANTAS SÃO.
FAÇA COMO JÉSSICA E ESTIME QUANTAS FRUTAS HÁ EM CADA ITEM ABAIXO. DEPOIS, COMPLETE AS FRASES COM AS ESTIMATIVAS.

A) HÁ ______ UVAS NO CACHO.

EVGENY KARANDAEV/SHUTTERSTOCK/GLOW IMAGES

AS IMAGENS DESTAS PÁGINAS NÃO ESTÃO REPRESENTADAS EM PROPORÇÃO.

B) HÁ ______ BANANAS NA PENCA.

HONG VO/SHUTTERSTOCK/GLOW IMAGES

C) HÁ ______ LARANJAS NO SACO.

TATYANA VYC/SHUTTERSTOCK/GLOW IMAGES

D) HÁ ______ MORANGOS NA CAIXA.

SOFIAWORLD/SHUTTERSTOCK/GLOW IMAGES

E) HÁ ______ MAÇÃS NA BACIA.

FOMAA/SHUTTERSTOCK/GLOW IMAGES

F) HÁ ______ BATATAS NO SACO.

KAROVKA/SHUTTERSTOCK/GLOW IMAGES

2 OBSERVE AS IMAGENS ABAIXO. PRIMEIRO, FAÇA UMA ESTIMATIVA DA QUANTIDADE DE FRUTAS EM CADA ITEM E REGISTRE. DEPOIS, CONTE A QUANTIDADE EXATA DE FRUTAS E REGISTRE.

A)

NPETER/SHUTTERSTOCK/GLOW IMAGES

ESTIMATIVA	QUANTIDADE EXATA

B)

TOPSELLER/SHUTTERSTOCK/GLOW IMAGES

ESTIMATIVA	QUANTIDADE EXATA

C)

TOPSELLER/SHUTTERSTOCK/GLOW IMAGES

ESTIMATIVA	QUANTIDADE EXATA

PÁGINAS 158 E 159 DO LIVRO

TABELA E GRÁFICO DE COLUNAS

1 ANA E ELI ESTÃO PARTICIPANDO DO **JOGO DA COLETA** EM SUA ESCOLA. ELES DEVEM LEVAR PARA A ESCOLA ALGUNS MATERIAIS PARA RECICLAGEM. VEJA NA TABELA ABAIXO OS MATERIAIS QUE ELES JÁ COLETARAM.

MATERIAIS COLETADOS POR ANA E ELI

ITEM COLETADO	QUANTIDADE DE ITENS COLETADOS
LATINHAS DA ANA	8
LATINHAS DO ELI	9
GARRAFAS DA ANA	7
GARRAFAS DO ELI	4

TABELA ELABORADA PARA FINS DIDÁTICOS.

A) QUAL FOI O ITEM MAIS COLETADO?

____

B) ELI COLETOU MAIS LATINHAS OU MAIS GARRAFAS?

____

C) QUANTAS LATINHAS ELI COLETOU A MAIS DO QUE ANA? [ ]

D) ELI QUER TER A MESMA QUANTIDADE DE GARRAFAS QUE ANA. QUANTAS GARRAFAS ELE PRECISA COLETAR A MAIS? [ ]

E) VOCÊ SABE O QUE É RECICLAGEM? CONVERSE COM OS COLEGAS E O PROFESSOR.

2 ANA E ELI VÃO REGISTRAR SUAS COLETAS EM UM GRÁFICO. AJUDE-OS PINTANDO 1 QUADRADINHO DO GRÁFICO ABAIXO PARA CADA ITEM COLETADO.

MATERIAIS COLETADOS POR ANA E ELI

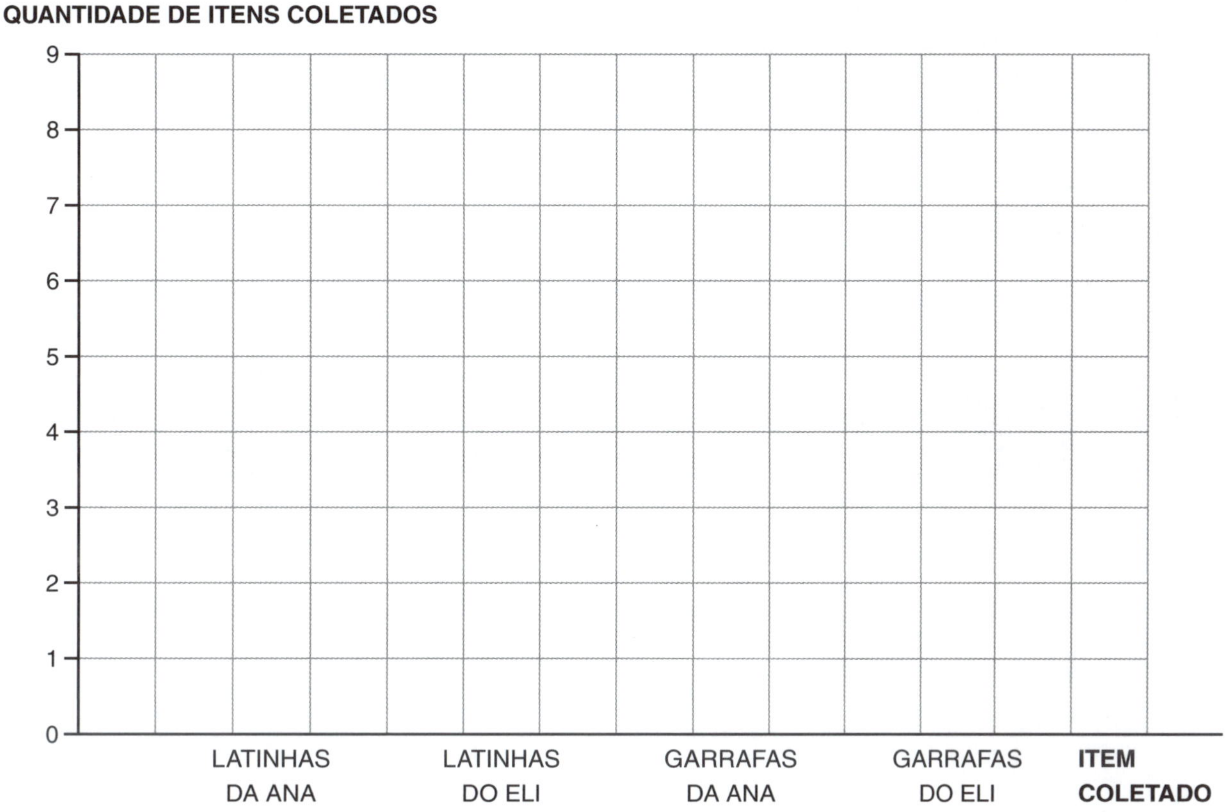

GRÁFICO ELABORADO PARA FINS DIDÁTICOS.

3 AGORA, RESPONDA.

A) QUAL É O TÍTULO DESSE GRÁFICO?

____

B) QUAL FOI A MAIOR COLUNA QUE VOCÊ PINTOU?

____

C) EXPLIQUE A UM COLEGA POR QUE ESSA É A MAIOR COLUNA.

D) QUANTOS ITENS ANA E ELI COLETARAM AO TODO? ☐

PÁGINAS 160 E 161 DO LIVRO

ROTINA

1 ESCOLHA UM DIA DA SEMANA, DE SEGUNDA-FEIRA A SEXTA-FEIRA. PESQUISE A ROTINA DE UM ADULTO DE SUA FAMÍLIA E REGISTRE ABAIXO.

PERÍODO DA MANHÃ	6:00	
	7:00	
	8:00	
	9:00	
	10:00	
	11:00	
PERÍODO DA TARDE	12:00	
	1:00	
	2:00	
	3:00	
	4:00	
	5:00	
PERÍODO DA NOITE	6:00	
	7:00	
	8:00	
	9:00	
	10:00	

2 A ROTINA DE UM ADULTO É MUITO DIFERENTE DA ROTINA DE UMA CRIANÇA? POR QUÊ?